DENISE SANDE

CAMILA CRISTINA SANTOS

JOÃO PEDRO MEDEIROS DE OLIVEIRA NETO

LAÍS DE PAULA OLIVEIRA SANTOS

MARIANA CICARELLI SILVA

MAYARA FERREIRA FRANÇA DA SILVA

S214j   Sande, Denise

Joãozinho e o Reino da Microlândia / Denise Sande et. al.; ilustradora: Mayara Ferreira França da Silva. – Belo Horizonte: Clube de Autores, 2024.
1 livro digital. – 17p.: il. color.
ISBN: 978-65-01-09634-6

1. Microbiologia 2. Higiene 3. Fantasia 4. Vacina I. Sande, Denise II.

Silva, Mayara Ferreira França da III. Título.

CDU: 82-83
CDD: 028.5

Ficha catalográfica elaborada por Emmanuel Silveira Mendes – CRB6/3048

O DIA COMEÇARA A RAIAR E JOÃOZINHO ACABARA DE ACORDAR...

ELE JÁ ESTAVA NO BANHEIRO,
LEVANTANDO AS MÃOS PARA LAVAR,
QUANDO VIU ALGO INTRIGANTE E ZOMBETEIRO,
PARANDO PRONTAMENTE PARA OBSERVAR.

O REINO DA MICROLANDIA...

NO REINO DE MICROLANDIA,
MICROLANDESES VIVIAM EM FESTA,
PORQUE VIVIAM NA SUJEIRA DO JOÃOZINHO,
QUE NÃO ERA NADA MODESTA....

Salmolina bailarina     Virulino Violeiro     Candidinha Cantora

JOÃOZINHO ACHOU ESTRANHO
MAS DECIDIU DEIXAR PARA LÁ,
SEM LAVAR A MÃO E SEM TOMAR BANHO,
GANHAVA MAIS TEMPO PARA BRINCAR!

NOS DIAS CHUVOSOS, JOÃOZINHO DIZIA:
–QUE LAMA LINDA PARA BRINCAR!
APOSTO QUE MINHA MELEQUINHA,
MAIS SALGADINHA VAI FICAR!

O JOÃOZINHO SUJINHO NÃO SABIA,
SOBRE O TERRÍVEL SEGREDO FEROZ,
QUANTO MAIS MICROLÂNDIA CRESCIA,
CRESCIA A FÁBRICA DE DODÓI!
UM DIA COM FOME DEPOIS DE BRINCAR,
JOÃO DEIXOU MUITO FELIZ SALMOLINA BAILARINA,
COMEU A MAÇÃ COM A MÃO SEM LAVAR,
E SALMOLINA FOI PARA SUA BARRIGA!

JOÃOZINHO ENTÃO FICOU MUITO DODÓI E SUA MÃE VEIO
CORRENDO CUIDAR. "-ISSO VEIO DO REINO DA MICROLANDIA,
JOÃOZINHO."
A SÁBIA MAMÃE FOI LOGO EXPLICAR.
"-POR ISSO É TÃO IMPORTANTE FICAR LIMPO,
SALMOLINA É VILÃ, JOÃOZINHO! POIS DEIXA VOCÊ FRAQUINHO,
LONGE DA ESCOLA E DOS AMIGUINHOS."


"-E O PIOR VOCÊ NÃO SABE,
A SALMOLINA NÃO ENROLA.
QUEM FICA DODÓI
 NÃO PODE NEM MESMO JOGAR BOLA!!!"

"-SEM BRINCAR DE BOLA??". PERGUNTOU JOÃOZINHO.
"-JÁ APRENDI, MAMÃE. DEPOIS DE BRINCAR, AGORA SEMPRE VOU ME BANHAR, OS DENTINHOS ESCOVAR E NUNCA DOS AMIGUINHOS E DO FUTEBOL ME AFASTAR". DIZ JOÃOZINHO APÓS LIÇÃO DA MÃE.

JOÃOZINHO, SEGUINDO O QUE SUA MÃE DIZIA,
FOI ATÉ O BANHEIRO LAVAR A MÃO NA PIA.
EIS QUE APARECE SALMOLINA COM SUA
"MEIGUICE"
DIZENDO A JOÃOZINHO QUE SUA MÃE NÃO
SEGUISSE.

POR SUA VEZ, SALMOLINA INSISTE A
JOÃOZINHO:
"-EU PREFIRO VÊ-LO ASSIM TODO SUJINHO"

A MAMÃE, POR SUA VEZ, SEM DAR TRÉGUA,
JOGA ÁLCOOL NA SALMOLINA, QUE
CORRE MAIS DE MIL LÉGUAS.

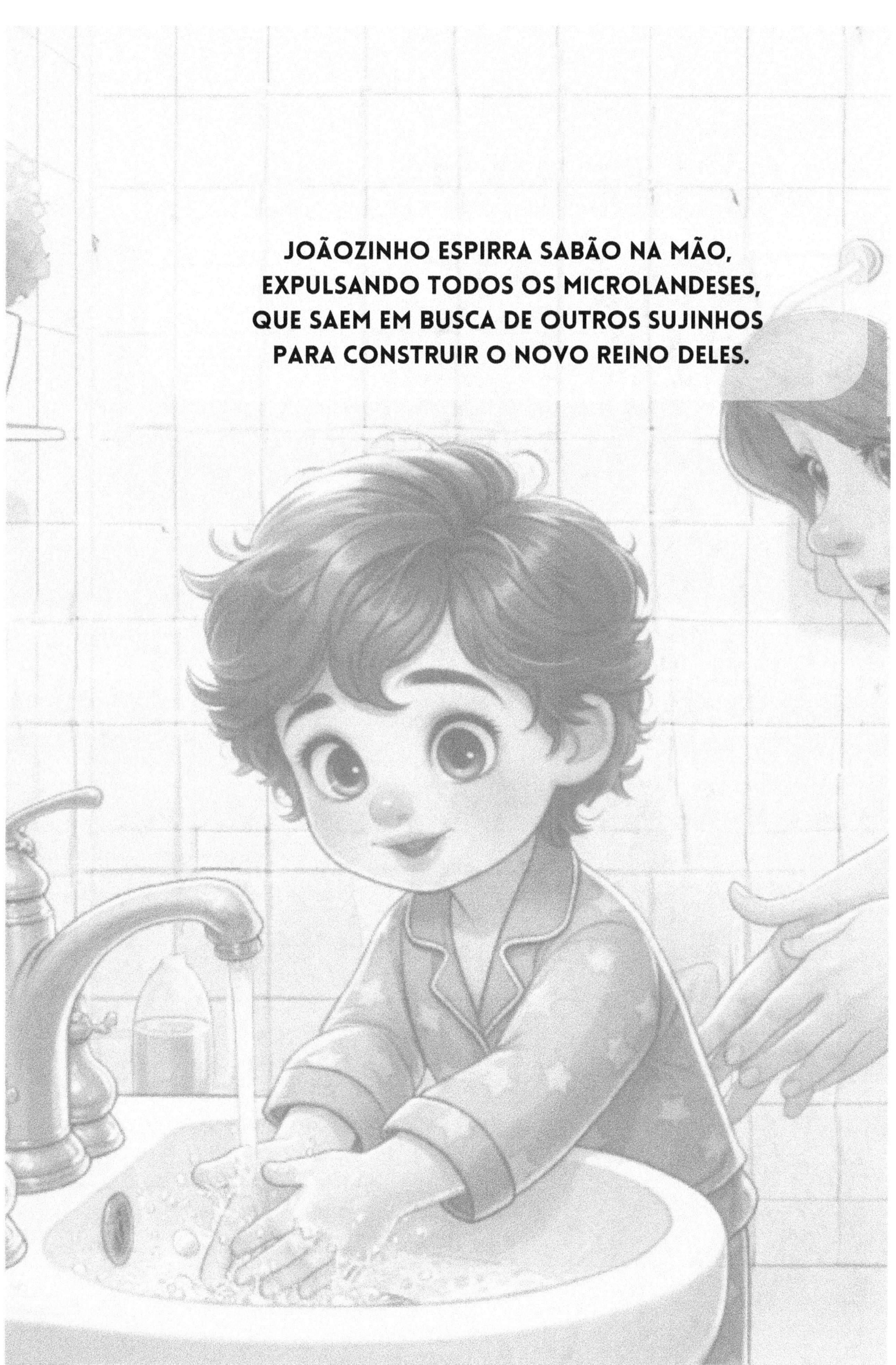


JOÃOZINHO ESPIRRA SABÃO NA MÃO,
EXPULSANDO TODOS OS MICROLANDESES,
QUE SAEM EM BUSCA DE OUTROS SUJINHOS
PARA CONSTRUIR O NOVO REINO DELES.

APÓS APRENDER A LIÇÃO,
JOÃO RECEBE UMA VISITA INESPERADA,
DA SUA NOVA AMIGA,
A LILI FADA.

"-JOÃOZINHO, AGORA VOCÊ É GRANDINHO E PODE
TOMAR DECISÃO SOZINHO. ESSA CAPA SE CHAMA
VACINA COM ELA, VOCÊ ESTÁ IMUNE A ESSES
BICHINHOS!"

JOÃOZINHO FICA MUITO FELIZ, SAUDÁVEL E SALTITANTE,
BRINCANDO COM SUA NOVA CAPA VERMELHO BRILHANTE!
FIM

www.ingramcontent.com/pod-product-compliance
Lightning Source LLC
Chambersburg PA
CBHW081036130726
48003CB00008B/2578